KARRIERE AL TIERARZT

WAS SIE TUN, WIE MAN EINER WIRD
UND WAS DIE ZUKUNFT BRINGT!

BRIAN ROGERS

KidLit-O Bücher
ANAHEIM, KALIFORNIEN

Inhalt

ÜBER KIDLIT-O

KidLit-O ist ein Imprint von BookCaps™, das nur für Kinder gedacht ist! Jeden Monat wird BookCaps mehrere Bücher in diesem spannenden Imprint veröffentlichen. Besuchen Sie unsere Website oder liken Sie uns auf Facebook, um mehr zu erfahren!

Um sich in unsere Mailingliste einzutragen, besuchen Sie diesen Link: http://WWW.KIDLITO.COM/MAILING -LIST.HTML

Ein Tierarzt bei der Arbeit mit einem Patienten[1]

---

[1] Bildquelle: http://topcollegesonline.org/how-to-become-a-veterinarian/

[1]

EINFÜHRUNG

Es war das Letzte, was Susan Bianucci zu sehen erwartete. Sie saß in ihrem Auto und fuhr den Maybank Highway in South Carolina entlang, als sie einen ausgesetzten Hund am Straßenrand entdeckte. Der arme kleine Hund war so dehydriert und unterernährt, dass er sich kaum aufrichten konnte, als die großen Autos und Lastwagen vorbeifuhren. Da Susans Mann Tierarzt und Gründer von Veterinary Specialty Care war, einer Tierklinik mit mehreren qualifizierten Chirurgen und Tierärzten, sah sie es als ihre Aufgabe an, jedem kranken Tier zu helfen, das ihr begegnete.

Susan fuhr an den Straßenrand und hob den kleinen Hund auf, der nur noch 29 Pfund wog (etwa die Hälfte von dem, was er hätte wiegen müssen). Sie brachte den kleinen Hund in die Klinik ihres Mannes, wo man beschloss, ihm zu helfen, wieder gesund zu werden. Nachdem man dem Hund Flüssigkeit und etwas Futter gegeben hatte, beschloss das Ärzteteam, eine spezielle Operation durchzuführen, um einige Krebstumore im Körper des Hundes zu beseitigen. Stellen Sie sich die Überraschung des Teams vor, als sie sahen, dass die kranke kleine Hündin (die sie Maisey nannten) sich gut erholte und zuzunehmen begann. Es dauerte nicht lange, und sie wog 52 Pfund und war krebsfrei. Maisey wurde bald von einem der Chirurgen, die sie behandelten, adoptiert und lebte fortan ein Leben voller Liebe in ihrer neuen Familie.

Wie empfand Susans Ehemann, Dr. Bianucci, die Zeit, in der er Maisey behandelte? Er sagte: "Es ist unmöglich zu beschreiben, was für ein lieber Hund [Maisey] war". Tatsächlich beschrieb Dr. Bianucci bei einer anderen Gelegenheit die allgemeine Freude, die er bei der Arbeit mit Tieren empfindet: "Gott hat mir das Geschenk gemacht, dass ich meinen Lebensunterhalt mit dem verdienen kann, was ich liebe." [2]

---

[2] Quellen für Zitate: http://veterinaryspecialtycare.com

Haben Sie sich jemals vorgestellt, wie es wäre, einen Job wie Doktor Bianucci zu haben, bei dem Sie das Leben eines kranken Tieres retten oder dabei helfen können, ein liebevolles Zuhause für ein Haustier zu finden, das keins hat? Würden Sie gerne jeden Tag damit verbringen, dafür zu sorgen, dass die Tiere in Ihrer Gemeinde glücklich und frei von Krankheiten sind? Dann könnte der Beruf des Tierarztes genau der richtige für Sie sein! In diesem spannenden Handbuch werden wir alles darüber erfahren, wer Tierärzte sind und was sie tun. Was würdest du am liebsten über diesen faszinierenden Beruf erfahren?

Wir werden unsere Überlegungen in sieben spannende Abschnitte unterteilen, von denen jeder einen anderen Teil des

Berufs des Tierarztes beleuchtet. Im ersten Abschnitt erfahren wir, was Tierärzte während ihrer Arbeitszeit tun und welche verschiedenen Arten von Tierärzten Sie erwarten können. Außerdem erfahren wir, welchen Eid alle Tierärzte nach dem Studium ablegen und wie viel Geld ein durchschnittlicher Tierarzt verdient.

Der zweite Abschnitt zeigt uns, wie die Ausbildung zum Tierarzt (auch "Veterinär" genannt) aussieht. Wussten Sie, dass zukünftige Tierärzte nach ihrem Studium an einer vierjährigen Hochschule ein Medizinstudium absolvieren müssen, genau wie Ärzte, die mit menschlichen Patienten arbeiten? Obwohl Ärzte, die mit Menschen arbeiten, und Ärzte, die mit Tieren arbeiten, in ihren Kursen unterschiedliche Themen lernen, werden wir sehen, dass beide Berufe viel Lernen und viele Tests bedeuten.

Im dritten Abschnitt wird die Frage beantwortet: "Ist der Beruf des Tierarztes ein einfacher Job?" Wie Sie sich wahrscheinlich vorstellen können, lautet die Antwort "Nein". Der Beruf des Tierarztes ist jeden Tag mit einigen wirklich einzigartigen Herausforderungen verbunden. Von der Art der Tiere, mit denen sie arbeiten, bis hin zum Zeitplan, den sie einhalten müssen, wird viel von einem Tierarzt erwartet, und manchmal scheint es, dass der Tag einfach nicht genug Stunden hat, um alles zu schaffen, was man erreichen will. Doch trotz aller Herausforderungen lieben Tierärzte ihre Arbeit.

Der vierte Abschnitt wird uns zeigen, wie der durchschnittliche Arbeitstag eines Tierarztes aussieht. Wir werden einem Tierarzt über die Schulter schauen und sehen, wie er seine Zeit an seinem Arbeitsplatz verbringt. Würde es Sie überraschen, wenn Sie wüssten, dass ein Tierarzt, wie jeder andere Arzt auch, seine Zeit zwischen der Behandlung von Notfällen, Patientenbesuchen, Untersuchungen, Operationen und Gesprächen mit den Familienangehörigen der Patienten aufteilen muss? Wir werden auch sehen, dass der Arbeitstag eines Tierarztes nicht unbedingt zu Ende ist, wenn er nach Hause geht.

Im fünften Abschnitt dieses Handbuchs erfahren wir, was das Schwierigste am Beruf des Tierarztes ist. Während die Ausbildung manchmal schwierig sein kann und sowohl der Druck als auch der Zeitplan für manche Menschen schwer zu bewältigen sind, hat der schwierigste Teil des Tierarztseins mit etwas zu tun, worauf der Tierarzt keinen Einfluss hat - wie die Tiere, die er behandelt, auf die Pflege reagieren, die sie erhalten.

Im sechsten Abschnitt geht es darum, was die Zukunft für Tierärzte bereithält. Wir werden sehen, ob es in etwa zehn Jahren noch viele Arbeitsplätze geben wird und welche neuen Technologien zur Verfügung stehen werden, damit Tierärzte ihre Arbeit noch effektiver erledigen können.

Im siebten Abschnitt schließlich erfahren Sie, was Sie jetzt schon tun können, um sich auf den Beruf des Tierarztes vorzubereiten.

Auch wenn Sie vielleicht noch ein paar Jahre warten müssen, bevor Sie zur Universität und dann zur Tierarztschule gehen, gibt es einige grundlegende Eigenschaften und Fähigkeiten, die Sie jetzt schon lernen können und die Ihnen helfen werden, ein guter Tierarzt zu werden. Versuchen Sie herauszufinden, woran Sie am meisten arbeiten müssen.

Tierärzte auf der ganzen Welt tragen dazu bei, dass unsere Haustiere gesund bleiben und die Tiere in der Gemeinschaft von Krankheiten und Verletzungen verschont bleiben. Sie spielen eine enorm wichtige Rolle in unserem Land, und wir können dankbar sein, dass diese intelligenten Männer und Frauen diesen Beruf gewählt haben. Sind Sie bereit, mehr über den Beruf des Tierarztes und über die

Menschen zu erfahren, die ihn gewählt ha-

ben? Dann lassen Sie uns mit dem ersten

Abschnitt beginnen.

[2]

WAS IST EIN TIERARZT?

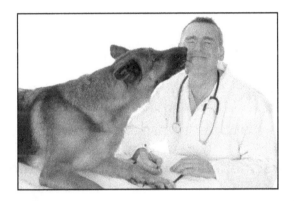

Ein glücklicher Patient sagt "Danke" zu

seinem Arzt[3]

---

[3] Bildquelle: http://www.coolcitydogs.com/veterinarian-tested-and-approved

Wie Sie wahrscheinlich wissen, ist ein Tierarzt ein Arzt, dessen Patienten Tiere sind, und vielleicht haben Sie sogar selbst schon einen Tierarzt aufgesucht, als Ihr Haustier krank war. Aber wussten Sie, dass Tierärzte nicht nur mit Hunden und Katzen arbeiten? Es gibt Tierärzte, die mit großen Tieren arbeiten, Tierärzte, die beim Militär tätig sind, und Tierärzte, die in Zoos arbeiten. In diesem Abschnitt werden wir einen Blick auf die verschiedenen Arten von Tierärzten werfen, denen Sie eines Tages begegnen werden. Wir werden uns auch den Eid ansehen, den jeder Tierarzt ablegen muss.

Beginnen wir mit dem Tierarzt, den Sie wahrscheinlich schon einmal persönlich besucht haben - die Art von Tierarzt, die sich um Haustiere kümmert und in einer kleinen Klinik arbeitet. Diese Art von Tierärzten behandelt kranke Hunde, Katzen, Vögel, Eidechsen, Rennmäuse, Hamster, Kaninchen und sogar Schlangen. Sie müssen lernen, welche Krankheiten bei den verschiedenen Tieren am häufigsten auftreten und wie man sie am besten behandelt. Und obwohl die meisten Tiere eine ähnliche Anatomie (Körperteile) haben, kann jedes Tier unter den gleichen Umständen anders reagieren, und ein Tierarzt muss das wissen. Sehen wir uns ein Beispiel an.

Tierärzte müssen zum Beispiel wissen, wie jedes Tier mit Hitze umgeht. Sie müssen wissen, dass Hunde eine besondere Art haben, die Wärme in ihrem Körper zu verteilen, so dass sie länger und weiter laufen können als andere Tiere - eine

Fähigkeit, die sie zu hervorragenden Jägern macht -, während andere Tiere (wie Kaninchen) sehr empfindlich auf Hitze reagieren und leicht einen Hitzschlag erleiden können. Tierärzte müssen wissen, dass ein Kaninchen mit roten Ohren, das hechelt oder Anzeichen von Schwäche und Verwirrung zeigt, wahrscheinlich überhitzt ist und so schnell wie möglich abgekühlt werden muss.

Tierärzte, die Haustiere behandeln, sind immer bereit, ihre Patienten zu impfen, um sie vor häufigen Krankheiten zu schützen. Sie geben den Tieren auch spezielle Medikamente, um ihre Mägen von Parasiten zu befreien, sie kastrieren Haustiere, um die Tierpopulation in der Gemeinde zu kontrollieren, und sie führen so ziemlich jede Art von Operation durch, die ein Tier benötigen könnte. Tierärzte sind außergewöhnlich gute Kommunikatoren, aber der Besitzer braucht oft besondere Hilfe, um zu verstehen, welche Rolle er bei der Genesung seines Tieres spielt. In der Regel muss der Besitzer für die Nachsorge seines Tieres zu Hause sorgen. Wenn der Tierarzt der Meinung ist, dass der Besitzer sich nicht richtig um sein Tier kümmert, wird er in manchen Fällen die Behörden einschalten, um sicherzustellen, dass das Tier die nötige Hilfe bekommt.

Andere Tierärzte arbeiten nicht in einer Klinik, sondern gehen auf Bauernhöfe und Ranches, um sich um große Tiere wie Schafe, Pferde und Kühe zu kümmern. Sie können sich vorstellen, dass es nicht dasselbe ist, einem kranken Welpen mit einem Gewicht von fünf Pfund zu helfen, wie einem kranken Bullen mit einem Gewicht von 1.500 Pfund! Diese Arten von Tierärzten müssen stärkere Medikamente verwenden und andere Arten von Krankheiten und Verletzungen behandeln. Manchmal kümmern sich diese Tierärzte sogar um neugeborene Pferde (Fohlen" genannt) und neugeborene Kühe (Kälber" genannt).

Tierärzte, die auf Bauernhöfen und Ranches arbeiten, haben eine wichtige Aufgabe, vor allem wenn die Ranches, die sie besuchen, Tiere haben, die später zu Fleisch verarbeitet werden, das in Geschäften verkauft wird. Indem sie die Tiere gesund halten, können diese Tierärzte sicherstellen, dass das Fleisch die Menschen nicht mit Krankheiten wie Salmonellen, E. Coli oder Rinderwahnsinn ansteckt, die alle tödlich sein können, wenn man sie bekommt.

Wieder andere Tierärzte arbeiten in Zoos und Aquarien, wo sie den dort lebenden Tieren und Fischen helfen, gesund zu bleiben. Bei Fischen und Delfinen klettern die Tierärzte oft direkt zu den Patienten in das Becken, um ihnen zu helfen. In anderen Fällen holen sie das Tier aus dem Wasser und halten es mit speziellen Geräten am Leben.

Mit Hilfe einer speziellen Technologie kann ein Fisch während einer Operation aus dem Wasser atmen[4]

Diese Tierärzte arbeiten mit interessanten Tieren, darunter Löwen, Giraffen, Bären, Elefanten, Wale, Delfine, Boa Constrictors, Pinguine, Krokodile und viele mehr. Können Sie sich vorstellen, jeden Tag zur Arbeit zu gehen und zu wissen, dass Sie vielleicht bei der Geburt eines Pandas zusehen oder Tigerjungen das Spielen beibringen können?

Schließlich arbeiten einige Tierärzte auch beim Militär. Diese Tierärzte können auf einem Stützpunkt leben und sich um die Tiere der Soldaten und ihrer Familien

---

[4] Bildquelle: http://fishbreeds.net/when-to-turn-to-a-vet-for-your-fish/

kümmern, oder sie gehen auf das Schlacht-
feld und helfen Hunden, die Seite an Seite
mit den Soldaten arbeiten. Manchmal
schickt die Regierung ihre Militärtierärzte
sogar in andere Länder, um im Rahmen
einer humanitären Mission bei der Bekämp-
fung von Tierseuchen zu helfen.

Unabhängig davon, wo sie arbeiten, tun
alle Tierärzte ihr Bestes, um sicherzustellen,
dass jedes einzelne Tier, dem sie helfen, die
bestmögliche Behandlung erhält. Sie versuchen, den besorgten Besitzer zu
beruhigen und die richtige Kombination aus
Medikamenten und chirurgischen Eingriffen
zu wählen, um die Krankheit oder Verletzung zu behandeln. Für Tierärzte ist diese
Vorgehensweise Teil einer lebenslangen
Karriere und eine Möglichkeit, dem Eid

gerecht zu werden, den sie bei ihrem Abschluss an der Tierärztlichen Hochschule abgelegt haben. In diesem Eid heißt es unter anderem:

"Mit meiner Zulassung zum Beruf des Tierarztes schwöre ich feierlich, meine wissenschaftlichen Kenntnisse und Fähigkeiten zum Wohle der Gesellschaft einzusetzen, indem ich die Gesundheit und das Wohlergehen der Tiere schütze, Tierleid verhindere und lindere, die Ressourcen der Tiere schütze, die öffentliche Gesundheit fördere und das medizinische Wissen weiterentwickle."

Haben Sie gesehen, dass Tierärzte versprechen, "die Gesundheit der Tiere zu schützen" und "Tierleid zu verhindern"? Sie sind bereit, dieses Gelübde abzulegen und ihr Leben der Hilfe für Tiere zu widmen, weil sie Tiere aller Formen und Größen wirklich lieben. Tierärzte empfinden ein tiefes Mitgefühl, wenn sie ein Tier leiden sehen, und wollen alles in ihrer Macht Stehende tun, um zu helfen.

Für ihre harte Arbeit und Freundlichkeit können Tierärzte ein ziemlich hohes Gehalt erwarten. Tierärzte, die in einem Team arbeiten, können mit mindestens 50.000 bis 80.000 Dollar pro Jahr rechnen, während diejenigen, die ihre eigene Privatklinik besitzen, bis zu 200.000 Dollar pro Jahr mit nach Hause nehmen können.

Tierärzte sind ganz besondere Menschen, und ganz gleich, wo sie arbeiten, sie machen einen Unterschied im Leben der Tiere, denen sie helfen, und ihrer Besitzer. Wenn

Sie das nächste Mal einen Tierarzt sehen,

sei es in einer kleinen Klinik oder in einem

Zoo, sollten Sie ihm sagen, wie sehr Sie

seine harte Arbeit schätzen!

[3]

WIE SIEHT DIE AUSBILDUNG ZUM TIERARZT AUS?

Eine Fortbildungsveranstaltung an einer

veterinärmedizinischen Hochschule[5]

---

[5] Bildquelle: http://tinyurl.com/lh6twwf

Wer Veterinärmediziner werden will, muss wie jeder andere Arzt viele Jahre lang studieren. Und obwohl die angehenden Tierärzte wissen, dass sie nie so viel Geld verdienen werden wie Ärzte, die menschliche Patienten behandeln, oder vielleicht nie so viel Aufmerksamkeit bekommen, sind sie froh, so viel Zeit für ihr Studium aufzubringen. Und warum? Wie Dr. Bianucci in der Einleitung sagte, sind zukünftige Tierärzte begeistert, dass sie ihren Lebensunterhalt mit dem verdienen können, was sie lieben. Und nicht nur das - Tiermedizinstudenten wollen sicherstellen, dass sie der beste Tierarzt werden, der sie sein können. Wie sieht also die Ausbildung zum Tierarzt aus? Das wollen wir herausfinden.

Der erste Schritt für einen angehenden Tierarzt besteht darin, an einer Universität angenommen zu werden und hart zu studieren, um den Bachelor of Science (B.S.) zu erhalten. Um an einer guten Universität angenommen zu werden, muss ein zukünftiger Tierarzt einen guten GPA (Notendurchschnitt) haben, wenn er die High School abschließt, und eine hervorragende Punktzahl im SAT (Standard Admissions Test).

Die Tierarztschulen achten zwar darauf, was für ein Student der künftige Tierarzt ist, aber nicht so sehr darauf, welche Fachrichtung er wählt. Daher wählen die meisten Tierärzte etwas, das ihnen liegt, sie aber auch auf die intensive Ausbildung an der Tierarztschule vorbereitet. Einige Beispiele sind Biowissenschaften und Naturwissen-schaften. Die letzten 3 oder 4 Semester werden besonders genau unter die Lupe genommen, so dass künftige Tierärzte in den letzten beiden Jahren des Studiums nicht herumtrödeln und vergessen sollten, warum sie dort sind.

Nach dem Universitätsabschluss müssen angehende Tierärzte einen standardisierten Test ablegen, wie die Graduate Record Examinations (GRE) oder den Medical College Admissions test (MCAT). Beide Tests haben Abschnitte, in denen die Studierenden schriftliche und mündliche Fragen beantworten müssen, und der GRE hat einen Teil, in dem sich die Studierenden schriftlich ausdrücken müssen.

Als Nächstes muss der künftige Tierarzt an einer Veterinärschule angenommen werden, wo er die Besonderheiten der Pflege kranker und verletzter Tiere erlernen wird. In den Vereinigten Staaten gibt es nur 28 Tierarztschulen, die von der American Veterinary Medical Association (AVMA) anerkannt sind, was bedeutet, dass die Konkurrenz groß ist. In der Tat ist es nicht ungewöhnlich, dass nur 40 % derjenigen, die sich jedes Jahr an diesen Schulen bewerben, angenommen werden. Neben soliden akademischen Leistungen am College und einem guten Ergebnis im standardisierten Test müssen angehende Tierärzte eine beeindruckende Bewerbung an die Tierarztschule schicken, an der sie interessiert sind. Unabhängig davon, ob die Bewerbung an eine Bearbeitungsstelle oder direkt an

die Universität geschickt wird, sollte der

Student deutlich machen, dass er seine Aus-

bildung ernst nimmt und sich dafür einsetzt,

ein guter Tierarzt zu werden. Außerdem

sollten sie mindestens drei Empfeh-

lungsschreiben von Personen vorlegen, die

den künftigen Tierarzt gut kennen. Empfeh-

lungsschreiben sollten z. B. vom

Studienberater des zukünftigen Tierarztes,

einem Mitglied der Fakultät und vielleicht

einem örtlichen Tierarzt, der den Studenten

gut kennt, ausgestellt werden.

Während des vierjährigen Studiums an

der Tierärztlichen Hochschule lernen die

Studierenden alles über die Pflege kranker

und verletzter Tiere. Sie lernen Fächer wie

Anatomie, Physiologie (die Funktionsweise

verschiedener Körperteile), Biochemie (die Untersuchung chemischer Prozesse im Körper), Pharmakologie (die Behandlung von Krankheiten durch Medikamente) und die Entwicklung guter Kommunikationsfähigkeiten. Die ersten beiden Jahre des Studiums der Tiermedizin finden in Klassenzimmern und Labors statt und konzentrieren sich auf das Erlernen der wissenschaftlichen Grundlagen der Tierpflege. Die zweiten beiden Jahre führen die angehenden Tierärzte in die Praxis, wo sie zusammen mit erfahrenen Tierärzten mit echten Tieren arbeiten und lernen, wie man Probleme und Krankheiten erkennt und behandelt. Sie können auch im Rahmen eines bemerkenswerten Programms namens "externship" arbeiten, das sie in örtliche Tierkliniken führt und ihnen prak-

tische Erfahrungen vermittelt.

Nach dem Abschluss der veterinärme-

dizinischen Fakultät müssen die ange-

henden Tierärzte nur noch ihr Wissen in

einem weiteren standardisierten Test, dem

North American Veterinary Licensing Exam,

unter Beweis stellen, der aus 360 Multiple-

Choice-Fragen besteht. Nach Bestehen die-

ser Prüfung erhalten die Studenten ihren

Doktortitel in Veterinärmedizin (DVM), der

sie offiziell zu Tierärzten macht!

Die meisten Staaten verlangen bestimmte

Zertifizierungsprüfungen, um sicherzustel-

len, dass der Arzt wirklich weiß, was er tut,

und danach kann der Tierarzt überall im

Staat Tiere behandeln. Der Arzt kann seine

eigene kleine Klinik eröffnen, als Teil eines

Teams in einem größeren Tierkrankenhaus arbeiten, Bauernhöfe und Ranches besuchen, in einem Zoo oder Aquarium arbeiten, dem Militär beitreten oder sogar an einer Universität oder Veterinärschule unterrichten.

Obwohl sie die meiste Zeit an ihrem neuen Arbeitsplatz mit der Pflege von Tieren verbringen werden, müssen sich Tierärzte weiterhin über neue Technologien fortbilden und möglicherweise sogar von Zeit zu Zeit Prüfungen ablegen, um zu beweisen, dass sie immer noch qualifizierte Ärzte sind.

Sind Sie, nachdem Sie die intensive Ausbildung gesehen haben, die ein Tierarzt absolvieren muss, immer noch an diesem Beruf interessiert? Sind Sie bereit, hart zu arbeiten, um die erforderlichen Stipendien zu erhalten und sich vielleicht sogar zu verschulden, um Ihre Ausbildung zu finanzieren? Wenn ja, dann scheint es, dass Sie sich wirklich für diesen Beruf engagieren und bereit sind, mehr zu lernen.

Lassen Sie uns im nächsten Abschnitt ein wenig über die Arbeitsbedingungen von Tierärzten erfahren.

[4]

IST DER BERUF DES TIERARZTES EIN EINFACHER JOB?

Tierärzte haben manchmal mit extrem gefährlichen Tieren zu tun, wie diesem

Nashorn[6]

Tierärzte wissen nie genau, wie ihr Tag aussehen wird, wenn sie zur Arbeit kommen.

Während sie wie andere Ärzte Termine mit Patienten vereinbaren, wissen sie auch, dass sie mit Notfällen und unerwarteten Reaktionen der Tiere, mit denen sie arbeiten, zu tun haben können. In diesem Abschnitt werden wir uns einige der üblichen Arbeitsbedingungen ansehen, die den Beruf des Tierarztes zu einer gewissen Herausforderung machen können.

---

[6] Bildquelle: http://www.scotsman.com/news/what-does-it-take-to-train-dangerous-animals-at-edinburgh-zoo-1-2560807

24 Stunden am Tag für die Arbeit verfügbar sein. An den meisten Arbeitsplätzen müssen die Arbeitnehmer zu einer bestimmten Zeit bei der Arbeit sein und können zu einer bestimmten Zeit nach Hause gehen. Viele Menschen, die in großen Bürogebäuden arbeiten, müssen zum Beispiel jeden Morgen um 9 Uhr an ihrem Schreibtisch sein. Sie arbeiten bis etwa 12:00 Uhr, machen dann eine Stunde Mittagspause und gehen dann bis 17:00 Uhr wieder an die Arbeit. Um Punkt fünf Uhr können die meisten Büroangestellten ihren Computer einfach ausschalten und nach Hause gehen, ohne dass Fragen gestellt werden. Die Arbeit, die sie noch nicht erledigt haben, kann bis zum nächsten Tag warten.

Aber für einen Tierarzt ist das Leben ein wenig anders. Ein Tierarzt, der eine kleine Klinik besitzt, hat zum Beispiel regelmäßige Sprechzeiten, vielleicht von 9 bis 17 Uhr. Aber wenn er gerade ein krankes Tier behandelt oder eine Operation durchführt und merkt, dass es Zeit ist, zu Mittag zu essen oder nach Hause zu gehen, glauben Sie dann, dass der Tierarzt einfach alles stehen und liegen lassen und gehen kann? Nein, natürlich nicht! Tierärzte müssen zu Ende bringen, was sie begonnen haben, auch wenn das bedeutet, dass sie bis spät in die Nacht an einer komplizierten Operation oder Behandlung arbeiten müssen.

Darüber hinaus müssen viele Tierärzte 24 Stunden am Tag bereit sein, um auf Abruf zu arbeiten. Denn manchmal werden Tiere mitten in der Nacht oder am Wochenende krank oder sind verletzt. In solchen Fällen müssen die Tierärzte darauf vorbereitet sein, sich sofort in ihre Klinik oder in das Haus des Tieres zu begeben, um es medizinisch zu versorgen. Können Sie sich vorstellen, dass in jeder Sekunde Ihr Telefon klingeln könnte und Sie Ihre Arbeit unterbrechen müssten, um zur Arbeit zu gehen?

Arbeit mit gefährlichen Tieren. Wie wir auf dem Bild am Anfang dieses Abschnitts gesehen haben, müssen einige Tierärzte im Rahmen ihrer Arbeit mit gefährlichen Tieren arbeiten. Sie müssen vielleicht die Zähne eines Löwen überprüfen, die Nägel eines Bären schneiden oder ein Augenproblem bei einem Nashorn behandeln. Wie können die Tierärzte vermeiden, sich bei der Arbeit mit solch starken und oft aggressiven Patienten zu verletzen?

Viele Tiere in Zoos wurden seit ihrer Kindheit von Menschen berührt und sind es gewohnt, geimpft und untersucht zu werden. Aber bei einigen Tieren, die in der Vergangenheit vielleicht schreckliche Erfahrungen gemacht haben, können sich Tierärzte nicht nähern, ohne Verletzungen zu riskieren. Wenn das Tier operiert werden muss, muss der Tierarzt einen Weg finden, sich dem Tier zu nähern, ohne sich zu verletzen.

In solchen Fällen müssen die Tierärzte dem Tier eine spezielle Injektion (ein so genanntes Beruhigungsmittel) geben, die es in einen Schlafzustand versetzt. Dann können sie in den Bereich des Tieres gehen und es entweder direkt dort behandeln oder es in einen speziellen medizinischen Bereich bringen. Sie müssen schnell arbeiten, um das Tier zu untersuchen und eventuelle Probleme zu behandeln, bevor es wieder aufwacht. Wenn das Tier wieder aufwacht, ist das Problem behandelt, und es kann sein normales Leben wieder aufnehmen.

Eine besondere Herausforderung ergibt sich, wenn Zootierärzte neugeborene Tiere, wie Löwenjunge, impfen müssen. Wie können sie zu den Jungtieren gelangen, ohne dass die Mutter, die sehr beschützend ist, die Ärzte verletzt? Im Paignton Zoo im Vereinigten Königreich mussten die Tierpfleger das Muttertier in seiner Höhle einsperren und es für einige Minuten von seinen Jungen fernhalten, während ein

fünfköpfiges Team mit großen Lederhand-
schuhen anrückte. Das Team überprüfte
den Herzschlag der Jungtiere, gab ihnen
ihre Medizin und wog sie. Dann verließen
sie das Löwengehege, ließen die Mutter frei
und führten die Familie wieder zusammen.
Obwohl sie versuchen, die Tiere nicht zu
sehr zu berühren, geben die Tierärzte zu,
dass es aufregend ist, die Welpen zu halten
und ihnen so nahe zu sein.

Ein Zootierarzt hält ein Löwenbaby im Zoo von Paignton[7]

Tierärzte in Zoos dürfen jedoch nie vergessen, dass sie mit potenziell gefährlichen Tieren arbeiten, und selbst junge Tiere (z. B. Jungtiere) haben Zähne und Krallen, die echten Schaden anrichten können.

Kommunikation mit dem Besitzer eines Tieres. Genau wie Eltern, die sich um ihre kleinen Kinder kümmern müssen, die noch zu jung sind, um für sich selbst zu sorgen, müssen auch Tierhalter gute Entscheidungen treffen, wenn es um die Gesundheit ihrer Tiere geht. Schließlich sind sie dafür verantwortlich, dass ihr Tier das richtige

---

[7] Bildquelle: http://www.paigntonzoo.org.uk/news/details/how-to-vaccinate-a-lion-cub

Futter bekommt, ausreichend Bewegung hat, gegen häufige Krankheiten geschützt ist und bei Krankheiten oder Verletzungen behandelt wird. Doch nicht alle Tierhalter sind so verantwortungsbewusst, wie sie sein sollten.

Wenn Tierhalter ihre Tiere zu einem Tierarzt bringen, ist das ein wichtiger erster Schritt. Manche Besitzer sind jedoch so besorgt und emotional, dass es dem Tierarzt oft schwer fällt zu erklären, was der Besitzer tun muss, um seinem Tier zu helfen. Manchmal muss der Tierarzt einige Minuten warten, bevor er dem Besitzer konkrete Anweisungen geben kann, um sicherzugehen, dass der Besitzer ruhig ist und sich unter Kontrolle hat. Nach einer größeren Operation (z. B. der Entfernung eines

Krebstumors) benötigen manche Tiere eine besondere Behandlung, zu der auch die Einnahme von Medikamenten zu bestimmten Tageszeiten und das Wechseln der Verbände gehören kann. Wenn der Tierarzt versucht, dem Besitzer all dies zu erklären, kann es schwierig werden, wenn der Besitzer nicht aufpasst oder sehr emotional ist.

Tierärzte können nur so viel tun, wie sie können, solange das Tier in ihrer Obhut ist - der Rest ist Sache des Besitzers. Stellen Sie sich also vor, wie schwierig es manchmal sein kann, mit einem Besitzer zu sprechen, der vielleicht nicht das tut, was Sie ihm sagen!

Ein Unternehmen führen. Neben all den bisher genannten besonderen Herausforderungen müssen viele Tierärzte auch mit dem Stress fertig werden, den die Führung eines Unternehmens mit sich bringt. 66 % der Tierärzte arbeiten in einer Privatpraxis, und etwa zwei Drittel von ihnen (etwa 37 000 Tierärzte im Jahr 2006) arbeiten hauptsächlich mit "Begleittieren", also mit Haustieren. Die meisten dieser 37.000 Tierärzte arbeiten in kleinen, über das ganze Land verteilten Kliniken, und viele von ihnen sind die Eigentümer der Klinik.

Wenn sie sich nicht um die Behandlung der Patienten kümmern, die zu ihnen kommen, müssen sich viele Tierärzte um die alltäglichen Sorgen kümmern, die mit dem Besitz und der Führung eines Unternehmens verbunden sind. Sie müssen dafür sorgen, dass alle ihre Mitarbeiter zufrieden und produktiv sind, dass genügend Vorräte in der Klinik vorhanden sind, dass die Stromrechnung bezahlt wird, dass die Versicherung alle Mitarbeiter schützt, dass die Kunden nicht verärgert werden und den Tierarzt verklagen und so weiter. Es ist fast so, als müssten manche Tierärzte mit dem Stress zweier Berufe fertig werden - dem des Tierarztes und dem des Kleinunternehmers.

Doch trotz der Herausforderungen, die der Beruf mit sich bringt, ist der Beruf des Tierarztes nicht nur mit Stress und Herausforderungen verbunden. Die meiste Zeit über ist es ein äußerst lohnender Beruf, den Tausende von Tierärzten auf der ganzen Welt gerne ausüben. Im nächsten

Abschnitt erfahren wir mehr über den Tagesablauf eines Tierarztes.

Wie sieht ein durchschnittlicher Tag eines Tierarztes aus?

Eine Tierarzthelferin bei der Arbeit mit einem Rehkitz (einem Baby)[8]

---

[8] Bildquelle: http://careertrove.org/veterinary-assistant-salary/

Wie wir bereits gesehen haben, ist jeder Arbeitstag für einen Tierarzt anders. Sie müssen vielleicht Notfälle behandeln, zu einem Patienten reisen, eine Operation, eine Impfung oder eine Untersuchung durchführen - und das alles am selben Tag. Auch wenn es schwer vorhersehbar ist, was ein Tierarzt an einem bestimmten Tag zu tun hat, werfen wir einen Blick auf eine beispielhafte Beschreibung der täglichen Aktivitäten eines Tierarztes, die er in sein Tagebuch geschrieben hat:

MONTAG 16. SEPTEMBER

8:30 Uhr - Fahrt zur Arbeit. Nachdem ich aufgestanden war und gefrühstückt hatte, machte ich mich auf den Weg und versuchte, um 9 Uhr bei der Arbeit zu sein, wenn mein Tierpflegezentrum öffnet und die ersten Patienten kommen.

9:00 Uhr - Erster Termin: Impfung für einen sechs Wochen alten Welpen. Die Besitzerin hat ihren kleinen schwarzen Labrador-Retriever-Welpen mitgebracht, der seine ersten Impfungen erhalten soll. Diese Impfungen schützen den Welpen gegen häufige Krankheiten wie Staupe, Masern, Parainfluenza und Bordatella.

9:15 Uhr - Zweiter Termin: Kastration eines Katers. Der Besitzer war besorgt, dass sein Kater umherwandern und die Population wilder Katzen zu sehr erhöhen könnte, und bat uns daher, seinen Kater zu kastrieren (Entfernung der Geschlechtsorgane). Der etwa sieben Monate alte Kater wurde unter Vollnarkose gesetzt, was bedeutete, dass er für den Eingriff betäubt wurde. Nachdem der Kater eingeschlafen war, machten wir zwei kleine Schnitte oberhalb des Hodensacks und entfernten jeden Hoden. Dann banden wir die Schnüre ab, um die Blutung zu stoppen. Die gesamte Operation dauerte nur etwa zehn Minuten. Nach der Operation wurde die Katze in einen Bereich gebracht, in dem sie sich zwei oder drei Stunden lang ausruhen und erholen kann.

9:45 Uhr - Außerplanmäßiger Besuch: Dehydriertes Kaninchen. Der Besitzer brachte ein junges Kaninchen, dessen Ohren abfielen und dessen Haut aufgrund von Dehydrierung nicht mehr elastisch war. Ich benutzte eine Plastikspritze, um dem Kaninchen eine spezielle Flüssigkeit ins Maul zu spritzen, wobei ich darauf achtete, die Flüssigkeit nicht mit Gewalt in die Kehle zu drücken (das Tier könnte daran ersticken). Außerdem besprühte ich die Ohren des Kaninchens mit kühlem Wasser, um seine Körpertemperatur zu senken. Dem Besitzer wurde gesagt, dass das Kaninchen 48 Stunden lang in der Tierarztpraxis bleiben sollte, um es zu beobachten und sicherzustellen, dass die Dehydrierung keine bleibenden Folgen hat.

10:00 AM - Dritter Termin: Frage zum Fütterungsplan für eine Boa constrictor. Der Besitzer hatte vor kurzem eine Boa constrictor in einer örtlichen Zoohandlung gekauft und wollte wissen, wie oft er sie füttern sollte und mit welcher Art von Futter. Ich erklärte dem Besitzer, dass Boa constrictor, wie andere Schlangenarten auch, am liebsten lebende Nagetiere wie kleine Mäuse fressen. Je nach Alter der Schlange kann der Besitzer Baby- oder ausgewachsene Mäuse kaufen und sollte die Schlange mindestens einmal pro Woche füttern. Ich empfahl dem Besitzer, so bald wie möglich mit der Schlange zurückzukommen, damit ich mir ein Bild von ihrer Größe und ihrem Gesundheitszustand machen und entscheiden kann, wie viel sie fressen sollte.

10:15 Uhr - Vierter Termin: Ein sehr alter Hund mit Knochenkrebs. Der Besitzer, der mich schon seit vielen Jahren besucht, macht sich Sorgen um seinen alten Hund - einen deutschen Schäferhund namens "Scout". Scout ist dreizehn Jahre alt und kämpft seit einiger Zeit gegen eine

Krebsart, die sich auszubreiten scheint. Er hat bereits drei teure Operationen hinter sich, und der Besitzer von Scout macht sich Sorgen, dass das Tier immer noch große Schmerzen hat. Ich erklärte, dass die meisten deutschen Schäferhunde nicht viel länger als dreizehn Jahre alt werden und dass ich nicht viel mehr tun kann, um Scouts Schmerzen und Leiden zu lindern. Der Besitzer fragte mich, ob es an der Zeit sei, Scout einzuschläfern und ihn friedlich sterben zu lassen. Ich antwortete ihm, dass dies zwar eine persönliche Angelegenheit sei, aber wahrscheinlich das Beste wäre, was man tun könne. Nachdem ich dem Besitzer ein paar Minuten Zeit gegeben hatte, sich von seinem dreizehn Jahre alten Liebling zu verabschieden, gab ich Scout ein

Medikament, das ihn schläfrig machte, und gab ihm dann eine weitere Injektion, die sein Herz langsam zum Stillstand brachte. Obwohl sowohl der Besitzer als auch ich wussten, dass es das Richtige war, waren wir beide traurig. Der Besitzer nahm seinen Hund mit nach Hause, um ihn auf seinem Grundstück zu begraben.

10:45 Uhr - Ich sehe nach den Tieren im Zwinger. In meiner Klinik habe ich einen speziellen Bereich, in dem sich alle Arten von Tieren von Operationen erholen und ausruhen können. Dort werden sie von einem Team von Fachleuten betreut. Ein paar Mal am Tag gehe ich in diesen Bereich und vergewissere mich, dass jedes der Tiere versorgt wird. Ich habe mir angesehen, wie sich mein Team um die Tiere kümmert, und habe ihnen einige Anregungen gegeben und ihre Fragen beantwortet.

11:30-12:30 UHR - MITTAGESSEN

12:30 Uhr - Ungeplanter Patient: Ausgesetztes Rehbaby auf einem Grundstück gefunden. Ein Rentnerehepaar meldete sich und erklärte, dass sie ein ausgesetztes Rehbaby (ein Kitz) auf ihrem Grundstück gefunden hätten. Anscheinend wurde das Muttertier beim Überqueren der Straße von einem Lkw angefahren, und das Baby konnte irgendwie entkommen. Das Kitz ging in den Garten des Paares und verfing sich im Zaun. Sie befreiten es und brachten es zum Tierarzt, um zu sehen, was sie tun sollten. Ich sagte ihnen, es sei zwar gut, dass sie helfen wollten, aber sie hätten das Kitz in Ruhe lassen und die

Tierschutzbehörde anrufen sollen. Aber
jetzt, wo das Reh hier war, würde ich dafür
sorgen, dass es gefüttert wurde, und dann
würde ich selbst die Tierschutzbehörde
anrufen. Das Rehkitz würde in ein spezielles
Gehege gebracht, wo es einige Monate
lang gepflegt und dann wieder in die Freiheit entlassen würde.

13:00 Uhr - Letzter Termin: Zystotomie
bei einem Kater zur Entfernung von Blasen-
steinen. Letzte Woche brachte eine Besitzerin ihren Kater zu uns, der Blut
urinierte. Die Röntgenaufnahmen zeigten,
dass der Kater mehrere kleine Steine in der
Blase hatte, die durch eine "Zystotomie"
entfernt werden mussten, eine Operation,
bei der die Blase geöffnet und die Steine
entfernt werden. Heute war der Tag der

Operation. Die Katze wurde betäubt, um sie vor den Schmerzen der Operation zu schützen und ihre Muskeln zu entspannen. Dann wurde ein kleiner Schnitt in der Nähe der Blase gemacht, die Steine wurden entfernt, und die Öffnung wurde zugenäht. Die Katze wachte ein paar Stunden später auf und kann wahrscheinlich schon morgen nach Hause gehen. Sie wird sich zwei Wochen lang ausruhen müssen, bis sie sich vollständig erholt hat. Die gesamte Operation dauerte etwa eineinhalb Stunden.

14:30 Uhr - Ich habe einige Zeit im Büro verbracht, um mir die Testergebnisse der letzten Woche anzusehen und zu versuchen, verschiedene Symptome zu diagnostizieren. Genau wie Ärzte, die mit menschlichen Patienten arbeiten, müssen auch Tierärzte oft lange recherchieren und über schwierige Fälle nachdenken, bevor sie ein Medikament oder eine Behandlung empfehlen können. Ich versuche, die Zeit so einzuteilen, dass ich nicht in Eile bin, wenn ich diese Entscheidungen treffe.

16:00 Uhr - Keine Termine mehr, ich konnte früher nach Hause gehen. Obwohl es nicht allzu häufig vorkommt, kann ich manchmal etwas früher nach Hause gehen. Immerhin weiß ich, dass ich "auf Abruf" sein werde, was bedeutet, dass ich bereit sein muss, sofort wieder zur Arbeit zu gehen. Nachdem ich meine Klinik verlassen hatte, verbrachte ich etwas Zeit mit meiner Familie und erledigte einige Aufgaben im Haus.

Wahnsinn! Ist es nicht erstaunlich zu sehen, mit wie vielen verschiedenen Arten von Patienten sich ein Tierarzt befassen

muss und wie verrückt ihr Tagesablauf

manchmal sein kann? Wissen Sie zu

schätzen, wie hart diese Männer und Frauen

jeden Tag arbeiten?

[5]

WAS IST DAS SCHWIERIGSTE AM BERUF DES TIERARZTES?

Wie Sie sehen können, haben Tierärzte ein anspruchsvolles und arbeitsreiches Leben. Jeder Tag bietet neue Gelegenheiten, all das, was sie gelernt haben, in die Praxis umzusetzen. Aber was ist das Schwierigste am Beruf des Tierarztes? Es hat mit den unvorhersehbaren Reaktionen der Tiere zu tun, denen sie zu helfen versuchen. Lassen Sie uns mehr erfahren.

Jedes Tier hat, wie jeder Mensch, eine eigene Persönlichkeit. Die Persönlichkeit eines Tieres kann dadurch geprägt sein, wie Menschen es behandelt haben, und sogar durch seinen genetischen Hintergrund. Deutsche Schäferhunde sind zum Beispiel als hochintelligente und gelehrige Hunde bekannt, während Labradore den Ruf haben, sehr liebevoll und loyal zu sein. Was bedeutet diese Vielfalt der Persönlichkeit im Tierreich für einen Tierarzt?

So wie manche Menschen leichter zurechtkommen als andere oder häufiger krank werden als andere, reagieren auch nicht alle Tiere gleich, wenn sie zum Tierarzt gehen. Manche sind erstaunlich ruhig, während andere Angst bekommen und sich wehren. Manche sprechen sehr gut auf Medikamente an, während andere nur immer kränker werden. Wie wirken sich diese unvorhersehbaren Reaktionen auf einen Tierarzt aus?

Es kann vorkommen, dass ein Tier plötzlich aggressiv wird und den Tierarzt angreift. Je nach Tier kann dies gefährlich sein oder auch nicht. Eine wütende Katze kann einen Tierarzt überraschen oder ihn kratzen, aber sie wird wahrscheinlich keinen ernsthaften Schaden verursachen. Im Falle von Zootierärzten, die mit größeren Tieren arbeiten, können die Dinge jedoch schnell sehr viel gefährlicher werden. Sehen wir uns ein Beispiel an.

Am 24. Mai 2013 wurde die Zoowärterin Sarah McClay in einem britischen Zoo von einem Sumatra-Tiger angegriffen. Als sie um 16 Uhr das Gehege betrat, wurde sie von einem zehn Jahre alten Tiger angegriffen, der schon als Jungtier in den Zoo gekommen war. Sarah starb später in einem Krankenhaus an ihren Verletzungen. Obwohl sie keine ausgebildete Tierärztin war, war Sarah eine Expertin im Umgang mit Großkatzen. Der Angriff überraschte sie, und sie hatte nicht einmal die Chance, wegzulaufen. Können Sie verstehen, dass selbst ein erfahrener Tierarzt manchmal Angst hat, wenn er mit bestimmten Tieren arbeiten muss?

Tierärzte können sich am besten schützen, indem sie nie allein arbeiten und alle möglichen Sicherheitsvorkehrungen treffen. Einige Zoos betäuben beispielsweise Großkatzen, bevor sie sie untersuchen, um sicherzustellen, dass die Katze niemanden verletzen kann.

Eine weitere unerwartete Reaktion ist, wenn ein Tier so krank wird, dass der Tierarzt es einschläfern muss (ein Vorgang, der als Euthanasie bezeichnet wird). Manche Tiere werden einfach nicht gesund, egal wie sehr ihre Besitzer sie lieben und wie gut sie sie behandeln. Manchmal hat eine schwere Verletzung (z. B. ein Autounfall) zu viel Schaden angerichtet; manchmal breitet sich Krebs im ganzen Körper aus, oder das Tier ist einfach nur alt. Manchmal sind Tierärzte der Meinung, dass sie ihrem Eid, "das Leiden der Tiere zu lindern", am besten gerecht werden können, indem sie dem Tier eine Mischung aus Chemikalien verabreichen, die es zum Einschlafen bringen und seinen Herzschlag stoppen.

Meistens ist der Besitzer derjenige, der erkennt, dass das Tier leidet, aber oft muss der Tierarzt der Stärkere sein und die Euthanasie vorschlagen. Können Sie sich vorstellen, einem Menschen zu sagen, dass Sie nichts mehr für sein geliebtes Haustier tun können? Tierärzte lieben Tiere und haben ihr Leben der Aufgabe gewidmet, dafür zu sorgen, dass es den Tieren besser geht und sie ein besseres Leben führen können. Sie können sich vorstellen, dass das Vorschlagen und Durchführen von Euthanasie zu den schwierigsten Aufgaben eines Tierarztes gehören kann. Wie können Tierärzte also mit dem Schmerz umgehen, ein leidendes Tier einschläfern zu müssen?

T. J. Dunn, Jr., ein erfahrener Tierarzt, schrieb: "Niemand kann sich mit dem Tod anfreunden, vor allem nicht der Tierarzt und das Personal der Tierklinik, die täglich mit dem Tod konfrontiert sind."[9] Tierärzte sind traurig, wenn ein Tier eingeschläfert wird, aber sie sind froh zu wissen, dass das Tier nicht mehr leiden muss. Und es hilft den Besitzern zu wissen, dass es in Ordnung ist, zu weinen, wenn man sich von einem langjährigen Begleiter verabschiedet.

---

[9] Quelle des Angebots: http://www.petmd.com/dog/care/evr_dg_euthanasia_what_to_expect#.UjozWMaUS71

Glauben Sie, dass Sie mit diesen un-

vorhersehbaren Reaktionen der Tiere

umgehen können?

[6]

WIE SIEHT DIE ZUKUNFT FÜR DIE KARRIERE EINES TIERARZTES AUS?

Wird es in zehn Jahren, vielleicht zu der Zeit, in der Sie Ihr Studium abschließen und nach Arbeit suchen, viele Stellen in der Tiermedizin geben? Ja, das wird es auf jeden Fall geben.

Nach Angaben des US Bureau of Labor and Statistics[10] wird erwartet, dass die Zahl

---

[10] Informationsquelle: http://www.bls.gov/ooh/healthcare/veterinarians.htm

der Stellen, für die ein Doktortitel erforder-

lich ist, in den nächsten Jahren um 20 %

zunehmen wird, und insbesondere die Zahl

der Stellen für Tierärzte wird voraussichtlich

um 36 % steigen. Das bedeutet, dass der

Beruf des Tierarztes in Zukunft sehr gefragt

sein wird. Tierärzte können sich um

Kleintiere kümmern, bei der Regulierung

der Tiergesundheit in der Lebensmittelin-

dustrie mitwirken oder sogar an einer der

vielen veterinärmedizinischen Fakultäten

unterrichten.

Auch Tierärzte werden in Zukunft aufre-

gende neue Technologien einsetzen, um

ihre Arbeit noch effektiver zu gestalten. Die

neuen Maschinen und Techniken, die heute

bei menschlichen Patienten zum Einsatz

kommen, könnten eines Tages dazu dienen,

Operationen bei Hunden, Katzen, Pferden, Kühen und fast allen anderen Tieren sicherer und weniger schmerzhaft zu machen. Mit welcher Art von Technologie könnten Sie in Zukunft arbeiten, wenn Sie sich für den Beruf des Tierarztes entscheiden?

Laserlithotripsie: Das Veterinärmedizinische Zentrum der Ohio State University hat vor kurzem eine Technologie erworben, die bald landesweit eingesetzt werden könnte. Mit Hilfe der Lasertechnik können Tierärzte Nierensteine zertrümmern (die bei Hunden besonders häufig vorkommen und in der Regel eine Operation erfordern). Wenn es dem Laser gelingt, die Steine zu zertrümmern, kann der Hund sie möglicherweise einfach durch Urinieren loswerden und eine möglicherweise schmerzhafte (und teure) Operation vermeiden.

Nicht-invasive Chirurgie: Beim Menschen haben Ärzte kürzlich begonnen, komplizierte Operationen mit sehr kleinen Schnitten durchzuführen. So können sie zum Beispiel eine Herzklappe bei einem menschlichen Patienten ersetzen, indem sie ein kleines Loch im Oberschenkel des Patienten öffnen und kleine Werkzeuge durch eine Hauptarterie bis zum Herzen vorschieben, was die Genesungszeit und das Trauma für den Patienten verringert. Die Tierärzte hoffen, dass in Zukunft ähnliche Ideen genutzt werden können, um Herzklappen bei älteren Hunden zu ersetzen, ohne deren Brustkorb aufschneiden zu müssen. Dies würde sowohl Zeit als auch Geld sparen und dem Hund helfen, sich schneller zu erholen.

Schallemissionsdaten: Pferde (vor allem Rennpferde) bekommen manchmal extrem kleine Brüche in ihren Beinknochen, die sehr schwer zu erkennen sind. Nach einem anstrengenden Trainingstag oder einem Rennen können diese kleinen Frakturen dazu führen, dass die Beinknochen brechen und das Pferd stürzt oder sogar stirbt. Deshalb waren Tierärzte in aller Welt begeistert, als sie von einer neuen Technologie hörten, die derzeit getestet wird und mit Hilfe von akustischen Emissionsdaten (Schallwellen) selbst kleine Risse in den Knochen eines Pferdes aufspürt. Wenn Tierärzte diese kleinen Frakturen rechtzeitig entdecken, wissen sie, dass das Pferd viel Ruhe und Zeit zum Heilen braucht, und können so einen schweren Sturz oder den Tod des Pferdes vermeiden.

Die Zukunft für den Beruf des Tierarztes ist rosig. In den nächsten zehn Jahren wird es viele Arbeitsplätze und viele aufregende neue Technologien geben, die genutzt werden können.

[7]

WIE KÖNNEN SIE SICH JETZT AUF DEN BERUF DES TIERARZTES VORBEREITEN?

Lexie Fletcher möchte Tierärztin werden, wenn sie erwachsen ist[11]

Um ein Studium der Veterinärmedizin aufnehmen zu können, müssen Sie Ihr Studium abgeschlossen haben, d. h. Sie können wahrscheinlich noch nicht ernsthaft an eine Bewerbung denken. Aber während du darauf wartest, dass die Zeit vergeht, und dich auf das Studium vorbereitest, gibt es viele Dinge, die du tun kannst, um dich auf eine Karriere als Tierarzt vorzubereiten. Werfen wir einen Blick auf einige praktische Fähigkeiten, an denen du jetzt arbeiten kannst und die dir später helfen werden.

---

[11] Bildquelle: http://www.annarbor.com/pets/ask-the-veterinarian/

Lernen Sie, Mathematik, Chemie und Biologie zu lieben. Wie wir bereits gesehen haben, beinhaltet die Ausbildung zum Tierarzt viel Mathematik und Wissenschaft. Lernen Sie also jetzt, diese Fächer zu lieben und gut zu verstehen. In Zukunft wirst du als Tierarzt verstehen müssen, wie verschiedene Medikamente wirken, wie man verschiedene Tiere mit Problemen in verschiedenen Körperteilen behandelt und wie man die Dosierung eines Medikaments oder einer Droge je nach Größe des Tieres ändert. Ohne fortgeschrittene Kenntnisse in Wissenschaft und Mathematik kann es passieren, dass Sie einem Tier versehentlich schaden, anstatt ihm zu helfen.

Engagieren Sie sich freiwillig in Ihrer Gemeinde. Die meisten Veterinärschulen nehmen keine Studenten an, die nicht viele Stunden ehrenamtliche Arbeit bei einem örtlichen Tierarzt, in einem Tierheim oder auf einem Bauernhof geleistet haben. Aber es geht nicht nur darum, einen Platz auf einer Bewerbung zu füllen - wenn Sie sich freiwillig engagieren, sollten Sie dies tun, um so viel wie möglich zu lernen und eine wirkliche Vorstellung davon zu bekommen, was es bedeutet, beruflich mit Tieren zu arbeiten. Nutzen Sie die Gelegenheit und stellen Sie den Experten so viele Fragen wie möglich.

Zeigen Sie Mitgefühl und Liebe für Tiere. Ein Tierarzt muss vor allem ein Tierliebhaber sein. Unabhängig davon, welche Art von Tierarzt Sie letztendlich werden, sollten Sie zweifellos Zuneigung und Respekt für die tierischen Patienten haben, die Sie behandeln werden. Dies kann Ihnen helfen, auch an schwierigen Tagen motiviert zu bleiben, und wird dafür sorgen, dass Ihre Entscheidungen immer im besten Interesse des Patienten sind.

Entwickeln Sie Fähigkeiten zum kritischen Denken. Tierärzte müssen manchmal seltsame Krankheiten diagnostizieren oder einen Weg finden, eine komplizierte Operation durchzuführen. In solchen Situationen müssen sie ihre Fähigkeiten zum kritischen Denken einsetzen. Was sind "Fähigkeiten zum kritischen Denken"? Kritisches Denken ist ein Denkprozess, bei dem der Schwerpunkt auf Logik und nicht auf Emotionen liegt. Mit anderen Worten: Unabhängig davon, wie viel Stress der Tierarzt empfindet oder wie emotional der Besitzer ist, hat der Tierarzt eine besondere Verantwortung, ruhig zu denken und die beste Lösung für das Problem des Tieres zu finden. Fangen Sie jetzt an, diese besondere Fähigkeit zu erlernen. Du kannst kritisches Denken üben, wenn du Hausaufgaben machst, ein Auto reparierst oder sogar zuhörst, wenn ein Freund dir ein Problem erzählt.

Lernen Sie, wie man eine Führungsrolle übernimmt. Wie wir bereits gesehen haben, arbeiten viele Tierärzte in den Vereinigten Staaten in kleinen Kliniken, und viele von ihnen sind die Eigentümer ihrer Kliniken. Das kann ein hohes Maß an Zufriedenheit und Freiheit bedeuten - aber auch Stress. Ein guter Tierarzt muss auch eine gute

Führungspersönlichkeit sein, eine Person, die ihren Mitarbeitern Anweisungen geben kann und die dafür sorgt, dass alle mit ihrer Arbeit zufrieden sind. Lernen Sie schon jetzt die wertvollen Fähigkeiten einer Führungspersönlichkeit, vielleicht indem Sie einer Sportmannschaft oder einem Verein in der Schule beitreten. Wenn Sie auch in angespannten Momenten ruhig bleiben und klar kommunizieren können, wird Ihnen das später helfen, wenn Sie eine Gruppe von Mitarbeitern leiten.

[8]

SCHLUSSFOLGERUNG

Ein Tierarzt mit einem Patienten[12]

---

[12] Bildquelle: http://coast2coastrx.com/index.php/more-bene-fits/discount-veterinary-services

Wahnsinn! Wir haben eine Menge über den faszinierenden Beruf des Tierarztes gelernt. Was war euer Lieblingsteil? War es, als wir erfuhren, wie viele Arten von Tierärzten es da draußen gibt? Oder war es, als wir die neuen Technologien sahen, die Tierärzte in Zukunft einsetzen könnten? Lassen Sie uns einige der wichtigsten Punkte, die wir gelernt haben, Revue passieren, damit Sie sie nicht vergessen.

Im ersten Abschnitt erfuhren wir, was Tierärzte den ganzen Tag über tun und welche verschiedenen Arten von Tierärzten man antreffen kann. Wir haben gesehen, dass sich alle Tierärzte darauf konzentrieren, kranken und verletzten Tieren zu helfen, damit es ihnen besser geht, und dass man einen Tierarzt bei der Arbeit in einem Zoo, beim Unterrichten an einer Universität oder in einer kleinen Klinik antreffen kann. Wir haben auch den Eid gesehen, den alle Tierärzte ablegen müssen - den Eid, in dem sie versprechen, alles in ihrer Macht Stehende zu tun, um das Leben ihrer tierischen Patienten zu verbessern.

Der zweite Abschnitt zeigte uns, wie die Ausbildung zum Tierarzt aussieht. Wussten Sie, dass Tierärzte nach dem Studium eine bestimmte medizinische Fakultät besuchen müssen, genau wie Ärzte, die mit menschlichen Patienten arbeiten? Wir haben gesehen, dass Tierärzte etwa acht Jahre lang studieren und viele, viele Tests bestehen müssen, bevor sie mit der Behandlung ihrer tierischen Patienten beginnen können.

Im dritten Teil wurde die Frage beantwortet: "Ist der Beruf des Tierarztes ein einfacher Job?" Die Antwort auf diese Frage lautet zweifelsohne "Nein". Wir haben gesehen, dass der Beruf des Tierarztes jeden Tag einige wirklich einzigartige Herausforderungen mit sich bringt, z. B. die Arbeit mit gefährlichen Tieren, eine 24-Stunden-Rufbereitschaft, die Kommunikation mit Tierhaltern und die Leitung der Mitarbeiter einer kleinen Klinik. Doch trotz dieser Herausforderungen lieben Tierärzte ihre Arbeit und helfen gerne Tieren.

Der vierte Abschnitt zeigte uns, wie der durchschnittliche Arbeitstag eines Tierarztes aussieht. Hat es Ihnen gefallen, einem Tierarzt bei seiner täglichen Arbeit über die Schulter zu schauen? Es war interessant zu sehen, wie ein Tierarzt seine Zeit verbringt, wie jeder andere Arzt auch: Notfälle behandeln, Patienten besuchen, recherchieren, Operationen durchführen und mit Familienmitgliedern sprechen.

Im fünften Abschnitt erfuhren wir, was das Schwierigste am Beruf des Tierarztes ist: der Umgang mit den unvorhersehbaren Reaktionen der Tiere. Manchmal muss ein Tierarzt darauf vorbereitet sein, mit einem aggressiven Tier umzugehen, und bei großen Tieren (wie Tigern) kann sogar das Leben des Tierarztes selbst in Gefahr sein. Wir haben auch gesehen, wie Tierärzte mit kranken und leidenden Tieren umgehen müssen. Manchmal entscheiden der Besitzer und der Tierarzt, dass es das Beste ist, das Tier einzuschläfern, auch wenn das alle furchtbar traurig macht.

Im sechsten Abschnitt ging es darum, was die Zukunft für Tierärzte bereithält. Wir haben gesehen, dass es in etwa zehn Jahren viele Arbeitsplätze für Tierärzte geben wird und dass sie mit hochentwickelter Technologie arbeiten werden. Können Sie sich vorstellen, dass man mit Spezialwerkzeugen kleine Brüche im Bein eines Pferdes erkennen oder Nierensteine bei einem leidenden Hund zertrümmern kann? Die neue Technologie wird aufregend sein und es den Tierärzten ermöglichen, mehr und mehr Tieren zu einem glücklichen und gesunden Leben zu verhelfen.

Im siebten Abschnitt schließlich erfahren Sie, was Sie jetzt schon tun können, um sich auf den Beruf des Tierarztes vorzubereiten.

Auch wenn du vielleicht noch ein paar Jahre
warten musst, bevor du zur Universität und
dann zur Tierarztschule gehst, gibt es einige
grundlegende Eigenschaften und
Fähigkeiten, die du jetzt schon lernen
kannst, die dir helfen werden, ein guter Tierarzt zu werden. Erinnern Sie sich an die
Eigenschaften, die Sie entwickeln sollten?
Wir haben gesehen, dass man lernen muss,
Mathematik und Naturwissenschaften zu
lieben, sich ehrenamtlich zu engagieren,
Mitgefühl für Tiere zu zeigen, kritisches
Denken zu üben und zu lernen, wie man
eine Führungsrolle übernimmt. An welcher
dieser Eigenschaften wirst du zuerst arbeiten?

Der Beruf des Tierarztes hilft nicht nur

Familien, ihre Tiere zu versorgen - er trägt

auch dazu bei, dass Gemeinschaften ge-

sunde Lebensmittel haben und sich Krank-

heiten nicht ausbreiten. Wir können den

Männern und Frauen, die hart arbeiten, um

kranke und verletzte Tiere zu versorgen,

sehr dankbar sein. Warum sagen Sie nicht

"Danke", wenn Sie das nächste Mal einen

Tierarzt aufsuchen?

MEHR IN DIESER SERIE

- Karriere als Arzt

- Karriere als Navy SEAL

- Karriere als Schauspieler

- Karriere als Jurist

- Karriere als Polizeibeamter

- Karriere als Lehrerin

- Karriere als Feuerwehrmann

- Karriere als Astronaut

- Karriere als Pilot

www.ingramcontent.com/pod-product-compliance
Lightning Source LLC
Chambersburg PA
CBHW051057050326
40690CB00006B/758